Anni Kolvenbach

Das MITTELALTER

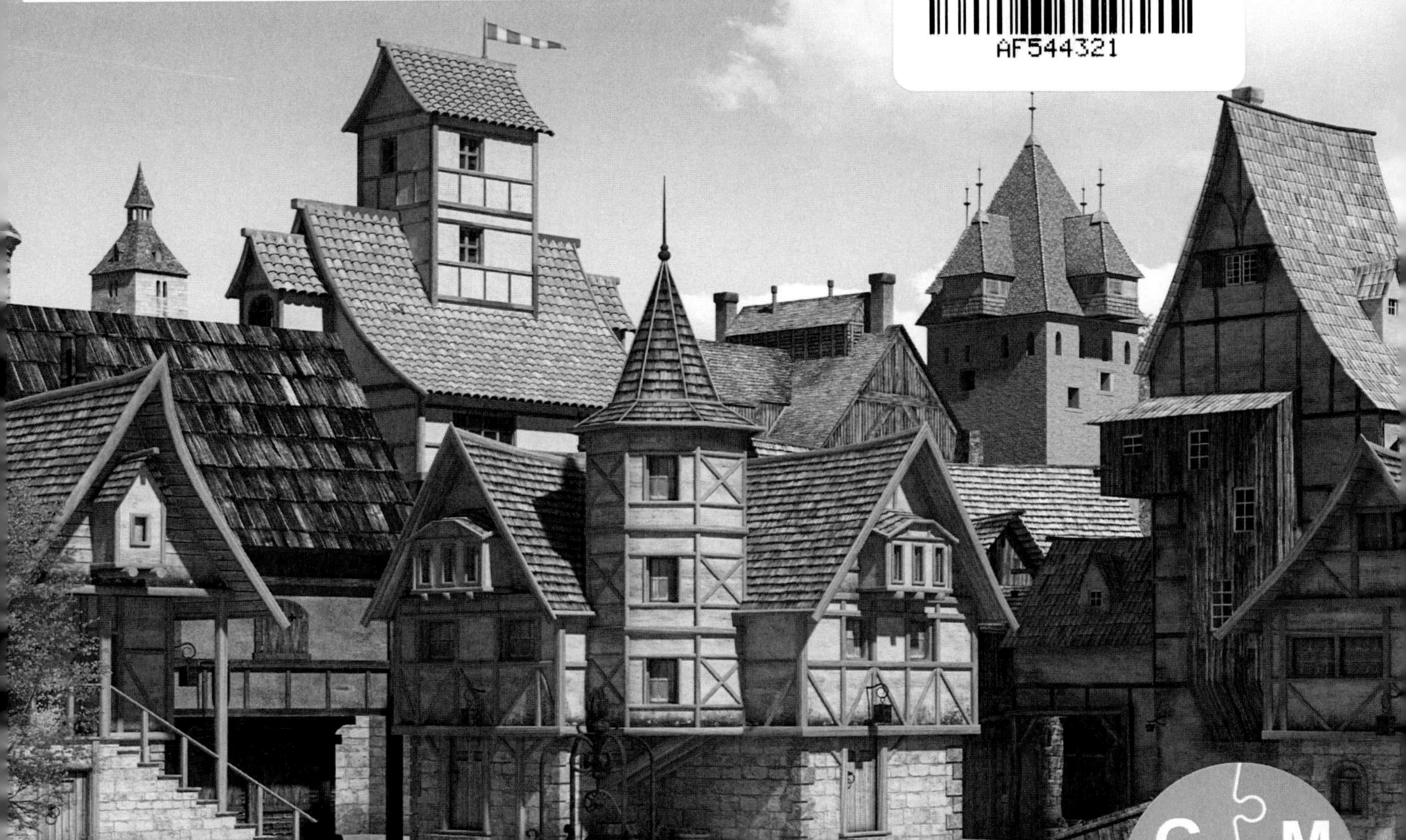

G M 3 E

22 **Geschichte**

Das Mittelalter

Sonderpädagogisches Fördermaterial LE (Band 22)

2. Auflage 2026

Inhalt: Anni Kolvenbach
Coverbild: © ratpack223 & volondoff – AdobeStock.com
Redaktion: Kohl-Verlag
Grafik & Satz: Kohl-Verlag
Druck: farbo prepress GmH, Köln

Bestell-Nr. 13 016

ISBN: 978-3-98841-038-2

Bildquellen – © AdobeStock.com:
S. 4: photosvac; **S. 29+30:** arhendrix, Niklas; **S. 32:** photosvac

Alle Illustrationen: Scott Krausen

Kontakt: Kohl-Verlag, An der Brennerei 37-45, 50170 Kerpen
Tel: +49 2275 331610, Mail: info@kohlverlag.de

Inhalt

Seite

Lösung S. 21:

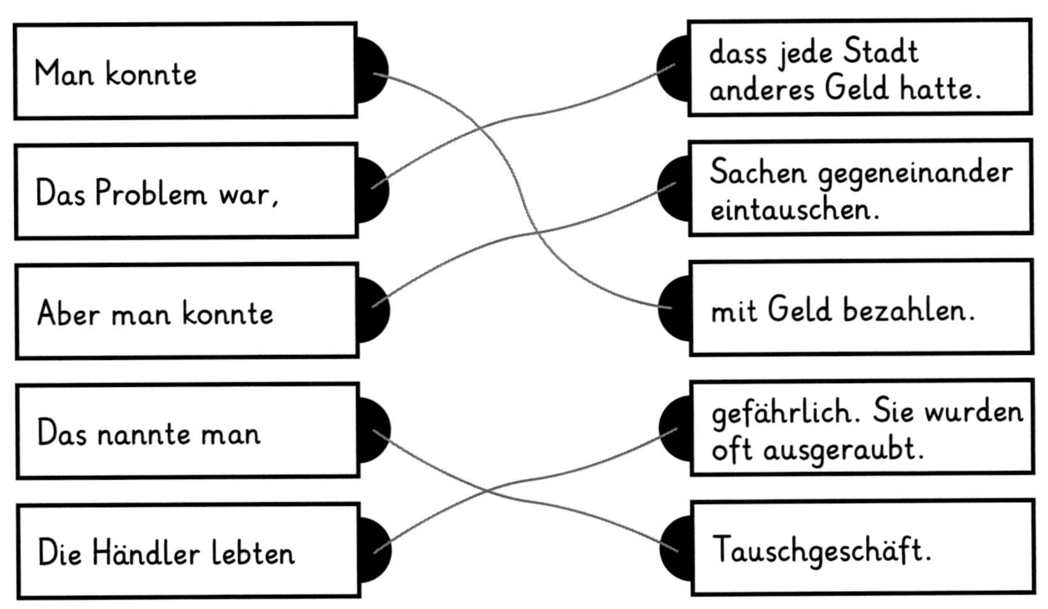

DAS MITTELALTER
... aus der Reihe: Inklusion KONKRET (Band 22) – Bestell-Nr. 13 016
KOHL VERLAG

Vorwort

Liebe Kolleginnen und Kollegen,

das Feld „Inklusion" rückt immer mehr in den Bereich der Regelschulen und gerade in den gesellschaftswissenschaftlichen Fächern ist das Material rar. Das hat mich ermutigt, mein über Jahre gesammeltes Material neu zu sortieren und zu veröffentlichen.

DAS Kind mit einer Lernbehinderung gibt es nicht; der Grad der Lerneinschränkung ist so unterschiedlich, wie die Kinder selbst.

Nur, welche Anforderungen müssen die Kinder an einer Regelschule leisten? Wie hoch darf ich meinen Anspruch „schrauben"? Wie weit muss ich in meinen Erwartungen runter gehen? Diese Fragen stellt man sich meist, wenn man ein Kind mit einer Lerneinschränkung nun in einem Klassenverband der Regelschule sitzen hat.

Die Antwort ist eigentlich recht einfach: Die zu bietenden Leistungen des Kindes sind der Anspruch der Lehrer*in. Viel zentraler ist, dass die Kinder dabei sind, dass das Thema das Gleiche ist.

Dazu ein kurzes Beispiel: Die Klasse liest im Geschichtsbuch etwas zum Thema „Burgen". Die SuS bearbeiten die Aufgaben und übertragen ggf. Abbildungen in ihr Heft. Schon beim Lesen beginnt oft die Hürde für ein Kind mit einer Lernbehinderung. Einige können „vorlesen" und erfassen den inhaltlichen Sinn nicht, andere könnten den Inhalt erfassen, wenn der Text etwas einfacher und kürzer wäre. Aber was das Wesentliche ist: Alle Kinder beschäftigen sich mit dem gleichen Thema, nur jedes auf eine andere Art und Weise.

Da Sie die Kinder mit einer Lerneinschränkung am besten beurteilen können, haben wir jedes Thema in drei Niveaustufen aufbereitet. Die Ampel signalisiert die Niveaustufen von 1 (ganz grundlegendes Niveau) bis 3 (inhaltlich selbst erfassendes Niveau).

Und nun wünschen wir Ihnen viel Erfolg beim Einsatz unserer

Kopiervorlagen- und Ideensammlung.

Der Kohl-Verlag und

Anni Kolvenbach

Name: ______________________________

Klasse: ______________________________

Eine Einführung in das Mittelalter

Aufgabe: Male aus.

Das Mittelalter

DAS MITTELALTER
... aus der Reihe: Inklusion KONKRET (Band 22) – Bestell-Nr. 13 016
KOHL VERLAG

Name: ______________________________

Klasse: ______________________________

2

Eine Einführung in das Mittelalter

Aufgabe: Lies die Texte gut durch. Nummeriere, welches Bild zu welchem Text passt.

1

2

3

4

5

◯ Die Menschen handelten mit Waren.

◯ Mönche lebten in Klöstern. Sie schrieben die Bücher mit der Hand ab.

◯ Könige, Grafen und Herzöge regierten. Ritter beschützten sie.

◯ In der Stadt konnte man auf dem Marktplatz einkaufen gehen.

◯ Es entstanden Burgen. Dort lebten die Könige, Grafen und Herzöge. Die Burgen wurden gut bewacht.

Name: ______________________________

Klasse: ______________________________

3

Eine Einführung in das Mittelalter

Aufgabe: Lies den Text und fülle die Lücken aus.

Im Mittelalter hatte die Kirche großen Einfluss. Das Sagen hatten Könige, Fürsten, Grafen und Herzöge. Diese Gesellschaft nannte man den Adel. Zur damaligen Zeit bestand Westeuropa hauptsächlich aus Wäldern. Zwischendrin fand man einige kleine Dörfer. Große Städte gab es fast keine. Zur Zeit des Mittelalters gab es viele Auseinandersetzungen mit anderen Bevölkerungsgruppen. Man kämpfte gegen die Wikinger im Norden und gegen die Slawen und Ungaren im Osten. Die Menschen auf dem Land hatten ständig Angst ausgeraubt oder überfallen zu werden. Nicht selten hat man auch ihre Häuser in Brand gesetzt. Das Rittertum kam auf. Die damit entstandenen Burgen, sowie Kirchen und Klöster boten einen Ort, wohin man flüchten konnte. Bald kam es zu neuen Erfindungen und Techniken, die das Leben erleichtern sollten. So wurde mehr und mehr Wald abgeholzt und es entstanden immer mehr Städte. Am Ende des Mittelalters kühlte sich das Klima ab. Es kam zu vielen verdorbenen Ernten und Not vor Hunger. Eine neue Krankheit, die Pest, ließ sehr viele Menschen sterben. Auf der anderen Seite entwickelte sich ein Handel mit Waren. Besonders bekannt und reich war die Familie Fugger. Da sie so reich waren und den Handel bestimmten, waren sie sehr einflussreich und mächtig.

Die Gesellschaft, zu der Könige, Grafen, Herzöge und Fürsten gehörten, nannte man ____________. Die ________________ hatte im Mittelalter viel zu sagen. Früher hatte man hauptsächlich ________________. Zwischendrin fand man einige kleine ________________. Man erfand ____________________, die das Leben erleichtern sollten.

Kirche – Wälder – Adel – Maschinen – Dörfer

DAS MITTELALTER
... aus der Reihe: Inklusion KONKRET (Band 22) – Bestell-Nr. 13 016
KOHL VERLAG

Name: ____________________

Klasse: ____________________

1

Die Gesellschaft im Mittelalter

Aufgabe: Schneide aus, ordne zu und klebe auf. Male anschließend aus.

Priester

Bürger

König

Ritter

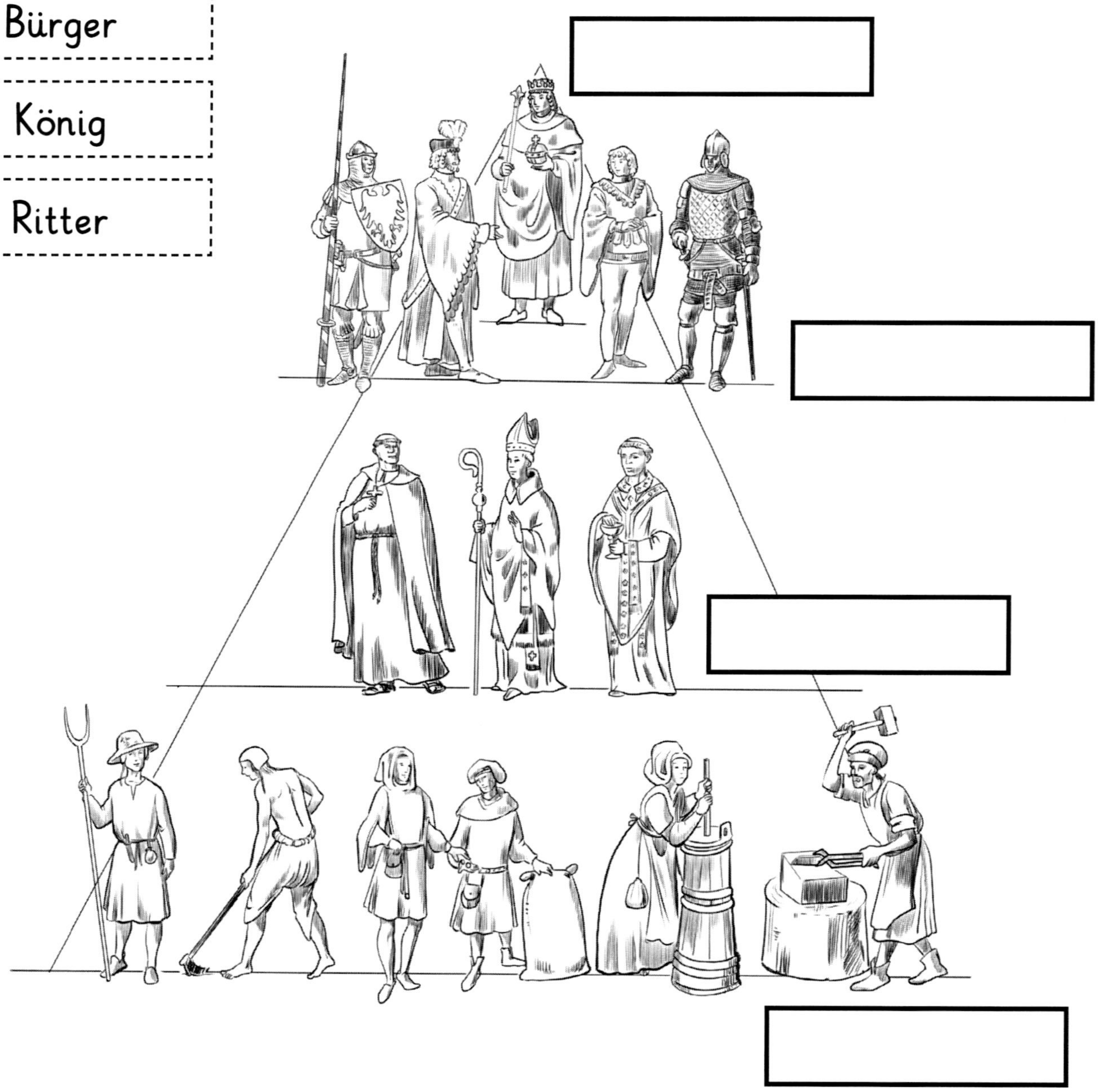

Name: ______________________________

Klasse: ______________________________

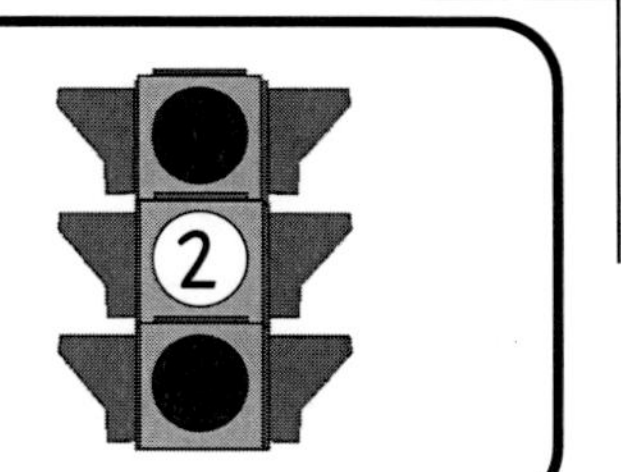

Die Gesellschaft im Mittelalter

Aufgabe: Verbinde.

Bauern, Bürger, Handwerker, Händler

Könige, Herzöge, Fürsten, Grafen

Bischöfe, Priester, Pastoren, Mönche

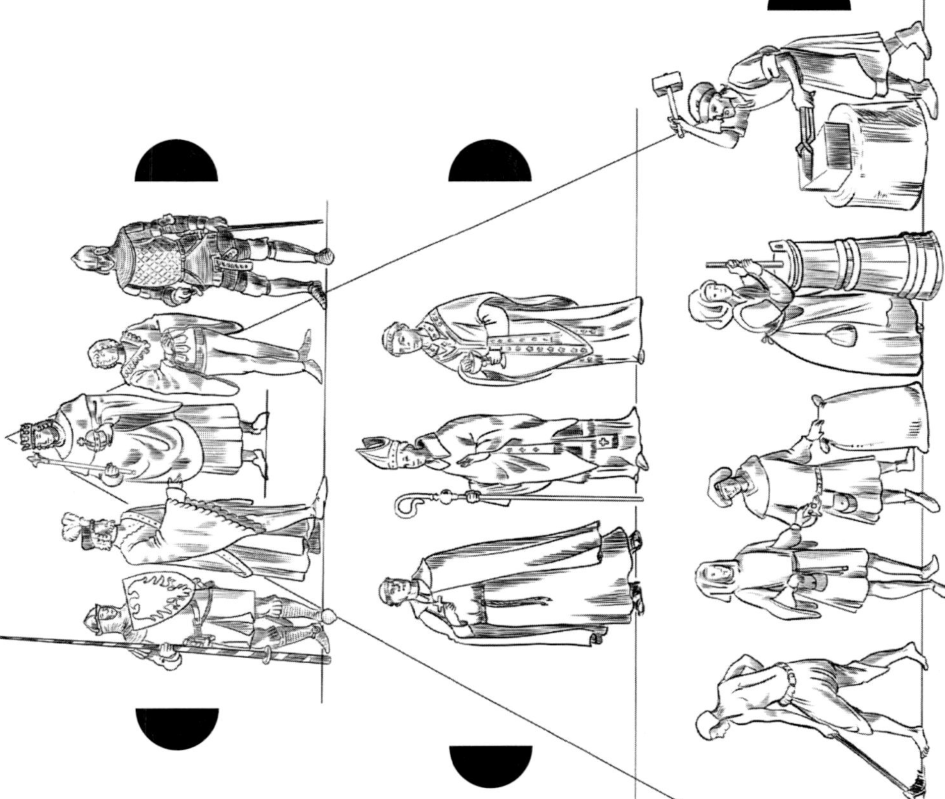

einfache Gesellschaft

Geistliche

Adelige

DAS MITTELALTER
... aus der Reihe: Inklusion KONKRET (Band 22) – Bestell-Nr. 13 016
KOHL VERLAG

Name: ______________________

Klasse: ______________________

Die Gesellschaft im Mittelalter

Aufgabe: Lies den Text und ergänze die Gesellschaftspyramide.

Im Mittelalter gab es streng aufgeteilte Gruppen von Menschen. Diese Aufteilung nannte man Stände. Man konnte nicht von der einen Gruppe Menschen in die andere Gruppe wechseln. So war von Geburt an bestimmt, welchen Weg man im Leben gehen wird. So waren die Stände aufgeteilt:

Adelige – **Könige, Herzöge, Fürsten, Grafen**

Geistliche – **Bischöfe, Priester, Pastoren, Mönche**

einfache Gesellschaft – **Bauern, Bürger, Handwerker, Händler**

Alle diese Menschen hatten eine Aufgabe. Die Ritter zum Beispiel beschützen die Könige und waren ihnen sehr treu. Die Bischöfe und Priester sorgten für die Seele. Die Menschen in der Gesellschaft hatten wenige Rechte. Sie mussten auf die Adeligen hören. Die Bauern erhielten das Land von den Adeligen und mussten aber dafür etwas abgeben.

______________ – Könige, ______________, Fürsten, ______________

Geistliche – Bischöfe, ______________, Pastoren, ______________

______________ – Bauern, ______________, ______________, Händler

Name: ______________________________

Klasse: ______________________________

Das Leben in einem Kloster

Aufgabe: Vervollständige die Wörter und male das Bild aus.

Im Kloster lebten Mönche.

Sie konnten lesen und schreiben.

Die Bücher wurden

abgeschrieben.

Im Kloster gab es eine eigene Bäckerei.

Auch durften Wanderer im Kloster

übernachten.

DAS MITTELALTER
... aus der Reihe: Inklusion KONKRET (Band 22) – Bestell-Nr. 13 016
KOHL VERLAG

Name: ______________________

Klasse: ______________________

2

Das Leben in einem Kloster

Aufgabe: Lies den Text. Schneide aus, ordne zu und klebe ein.

In einem Kloster gab es verschiedene [ ]

Die [ ] lernten lesen und [ ]

Die Bücher wurden nicht gedruckt.

Sie mussten [ ] werden.

Im Kloster gab es eine eigene [ ]

Auch wurde hier Bier gebraut.

[ ] konnten in einem Kloster übernachten.

schreiben.

Wanderer

Aufgaben.

Bäckerei.

Mönche

abgeschrieben

Name: ______________________________

Klasse: ______________________________

Das Leben in einem Kloster

Aufgabe: Lies den Text und fülle den Lückentext aus.

In einem Kloster gab es ganz verschiedene Aufgaben. In der Mitte des Klosters fand man die Kapelle. Hier beteten und sangen die Mönche. Im inneren Bereich des Klosters schliefen und aßen die Mönche. In der Nähe befand sich auch die Bibliothek mit vielen Büchern. Hier lernten sie lesen und schreiben von dem, was in den Büchern stand. Man musste sich nicht unbedingt zum Beten und Lesen hinsetzen, denn die Kapelle und der innere Bereich waren durch Gänge, wie ein Kreuz, miteinander verbunden. Darum nannte man sie auch Kreuzgänge. Im Kloster fand man aber auch eine eigene Bäckerei, eine Bierbrauerei und Ställe für das Vieh. Diese Gebäude waren aber streng von der Kapelle und den Schlaf- und Essmöglichkeiten getrennt. In diesem getrennten Bereich fand man auch Gästezimmer für Wanderer. Dies nannte man den äußeren Bereich.

Die Aufgaben in einem ____________________ waren unterschiedlich. In der Mitte des Klosters fand man die ____________________. Im inneren Bereich des Klosters hatten die Mönche ____________________ und Esszimmer. Die ____________________ verbanden den inneren Bereich mit der Kapelle. Auch fand man im Kloster eine eigene ____________________, eine Bierbrauerei und Ställe für das ____________________. Diese Räume waren streng von der Kapelle und den inneren Räumen ____________________.

Kapelle – Bäckerei – getrennt – Kloster – Kreuzgänge – Schlafzimmer – Vieh

DAS MITTELALTER
... aus der Reihe: Inklusion KONKRET (Band 22) – Bestell-Nr. 13 016
KOHL VERLAG

Name: ______________________________

Klasse: ______________________________

1

Das Leben auf dem Land

Aufgabe: Schaue dir das Bild an und erzähle, was du siehst.

Erzählanlass:

- Arme Leute (Bauern) müssen Tiere und Gemüse an einen reichen Herren (Adeligen) abgeben.
- Das Land, auf dem die Bauern das Gemüse anbauen und die Tiere halten, gehört den Adeligen.
- Damit sie das Land nutzen durften, mussten sie einen Teil ihrer Ernte abgeben.
- Die Bauern hatte keine Rechte. Sie mussten das tun, was man ihnen sagte.
- Damit sie Ackerland bekamen, mussten sie Wälder abholzen oder abbrennen.

Name: ______________________

Klasse: ______________________

2

Das Leben auf dem Land

Aufgabe: Schneide aus, lies den Text, ordne zu und klebe auf.

Im Mittelalter lebten die meisten Leute auf dem [ ] .

Man holzte die Wälder ab, um [ ] zu gewinnen.

Jetzt konnte man [ ] anbauen.

Auch [ ] konnte man züchten, das dann [ ] wurde.

Das Land gehörte aber nicht den [ ] .

Es gehörte den [ ] und damit sie es nutzen durften,

mussten sie einen Teil ihrer [ ] an die Adeligen abgeben.

Bauern hatten keine [ ] .

Ernte | geschlachtet

Rechte | Adeligen

Bauern | Gemüse | Vieh

Land | Ackerland

DAS MITTELALTER
... aus der Reihe: Inklusion KONKRET (Band 22) – Bestell-Nr. 13 016
KOHL VERLAG

Name: ______________________________

Klasse: ______________________________

Das Leben auf dem Land

Aufgabe: Lies den Text und fülle den Lückentext aus.

Der allergrößte Teil der Menschen lebte im Mittelalter auf dem Land. Hauptsächlich fand man Wälder vor und zwischendrin standen ein paar Häuser. Um nun Ackerland zu gewinnen, um Gemüse anzubauen, holzte und brannte man die Wälder ab. Die Menschen lebten von dem Gemüse, was sie anbauten oder von der Zucht des Viehs, das dann geschlachtet wurde. Das Land, auf dem sie wohnten und arbeiteten gehörte aber nicht den Bauern. Es gehörte den Adeligen. Damit sie es nutzen und dort wohnen durften, mussten sie am Hof der Adeligen arbeiten und einen Teil ihrer Ernte abgeben. Rechte hatten sie keine, obwohl sie alle mit Nahrung versorgten. Die Bauernhöfe waren meistens Holzhütten, die mit Stroh bedeckt waren. Mehr als eine Schlafgelegenheit, einen Raum für Vorräte und einen Stall gab es nicht. Ihren Bauernhof haben sie mit hohen Zäunen geschützt, damit wilde Tiere nicht angreifen konnten.

Die meisten Menschen lebten im Mittelalter auf dem ______________.
Hauptsächlich gab es Wälder und dazwischen ein paar ______________.
Man musste Ackerland gewinnen, damit man ______________
anbauen konnte. Dazu musste man die Wälder ______________
oder abbrennen. Das Land, auf dem die Bauern arbeiteten, gehörte den
______________. Damit sie es nutzen durften, mussten sie einen Teil ihrer
______________ abgeben. ______________ hatten die Bauern nicht.

Häuser – Ernte – Gemüse – Adeligen – Rechte – Land – abholzen

Name: ______________________________

Klasse: ______________________________

1

Eine mittelalterliche Stadt

Aufgabe: Puzzle das Bild wieder richtig zusammen und klebe es auf ein Blatt auf.

DAS MITTELALTER
... aus der Reihe: Inklusion KONKRET (Band 22) – Bestell-Nr. 13 016
KOHL VERLAG Lernen mit Erfolg

Name: ______________________________

Klasse: ______________________________

Eine mittelalterliche Stadt

Aufgabe: Puzzle das Bild wieder richtig zusammen, klebe es auf ein Blatt und lies den Text.

Das ist he
Hier boten
reisende H

Der Mar
weil die L

rkt einzukauf
n mit
rmünzen.

en.

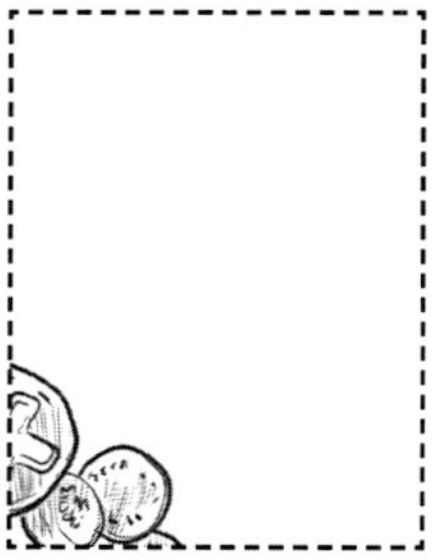

t war so gut b
eute aus der g

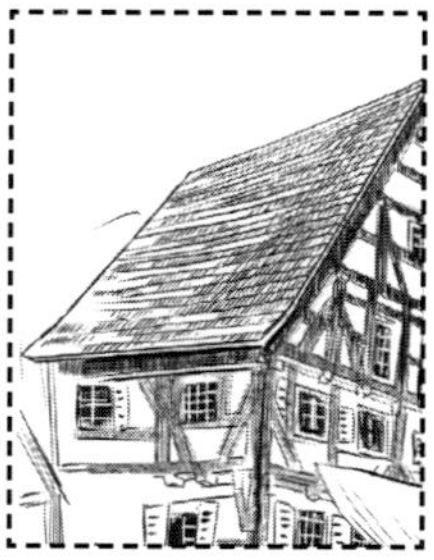

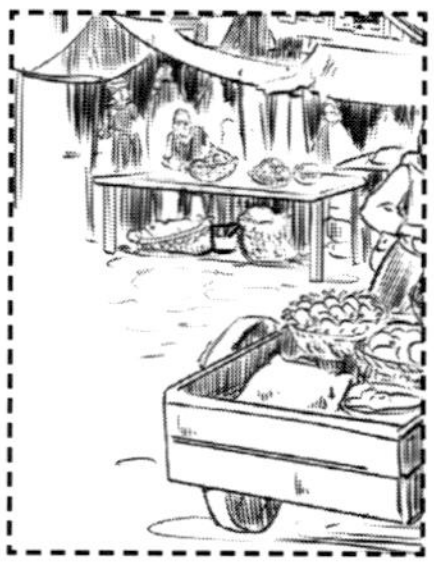

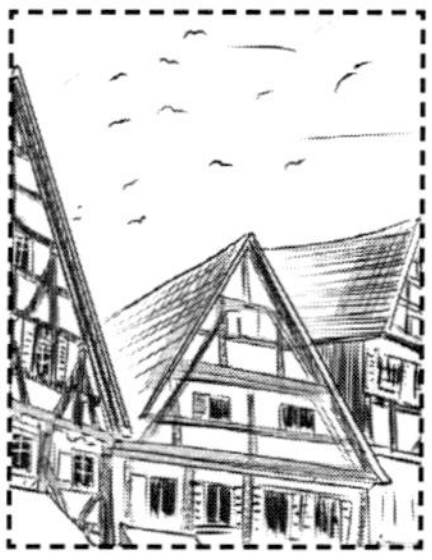

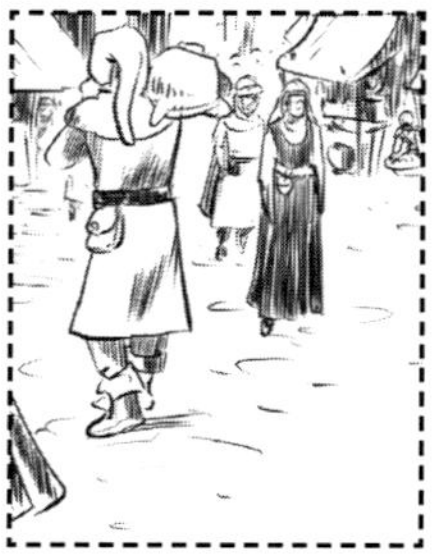

adt war der

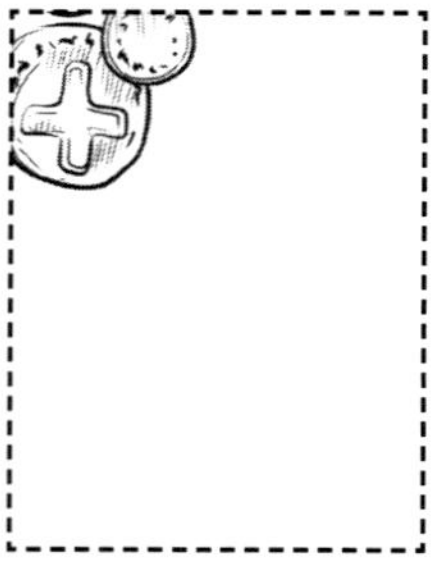

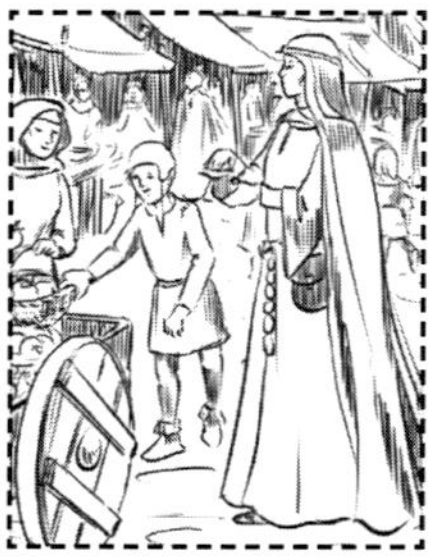

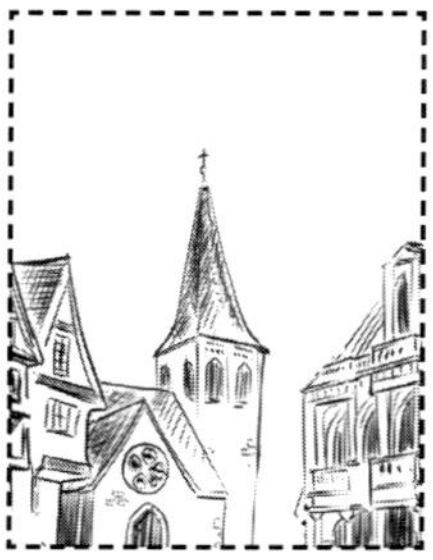

ute oft auch n
Bauern, Hand
ändler ihre W

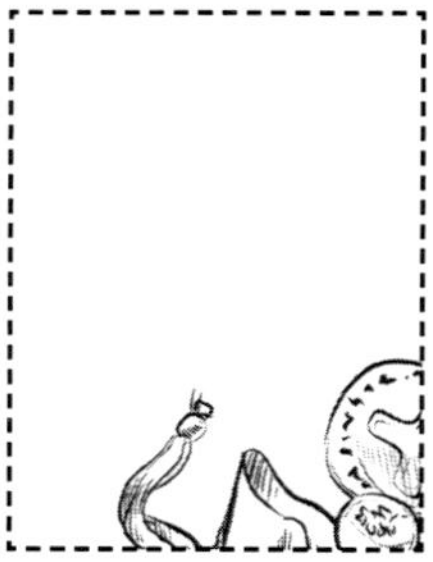

Kauf an.
ng

och so.
werker und
aren zum

kamen, u
Die Ware
Goldmün

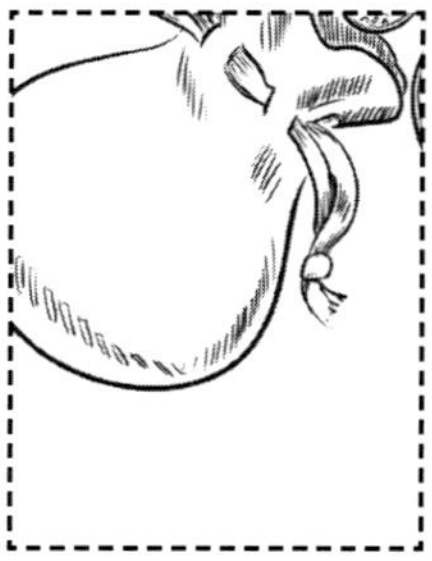

m auf dem M
n bezahlte ma
zen oder Silbe

Der Mitte
Marktplat

esucht,
anzen Umgebu

punkt einer St
z.

Name: ______________________________

Klasse: ______________________________

Eine mittelalterliche Stadt

Aufgabe: Lies den Text und fülle den Lückentext aus.

Der Mittelpunkt einer Stadt war der Marktplatz. Das ist heute oft auch noch so. Hier boten Bauern, Handwerker und reisende Händler ihre Waren zum Kauf an. Der Markt war so gut besucht, weil die Leute aus der ganzen Umgebung kamen, um auf dem Markt einzukaufen. Die Waren bezahlte man mit Goldmünzen oder Silbermünzen. Eine besondere Attraktion war der Jahrmarkt. Einmal im Jahr reisten viel mehr Händler an als sonst und brachten ganz ausgefallene Waren mit. Aber auch Akrobaten, Wahrsager und andere Artisten präsentierten ihre Künste auf dem Markt. Jede Stadt hatte eine Kirche und ein Rathaus. Das waren die größten Gebäude der Stadt. Auch erkannte man sofort wo reiche Kaufleute wohnten, denn auch ihre Häuser waren doppelstöckig. Wenn sie besonders reich waren, dann hatten sie Glasfenster und Ziegeldächer. In den Gassen bildeten sich Geschäfte. Meistens waren die Straßen und Gassen danach benannt, was die Handwerker in den Geschäften angeboten haben.

In der Mitte einer Stadt fand man den ________________. Auf dem Markt boten Bauern, ________________ und reisende Händler ihre Waren an. Die Leute kamen aus der ganzen ________________. Man bezahlte mit Goldmünzen oder ________________. Eine besondere Attraktion war der ________________. Man kaufte ausgefallene Waren. Akrobaten, Wahrsager und andere ________________ zeigten ihre Künste. Auch hatte jede Stadt eine Kirche und ein ________________.

Handwerker – Silbermünzen – Jahrmarkt – Rathaus – Marktplatz – Umgebung – Artisten

DAS MITTELALTER ... aus der Reihe: Inklusion KONKRET (Band 22) – Bestell-Nr. 13 016
KOHL VERLAG

Name: ______________________________

Klasse: ______________________________

Der Handel entwickelt sich

Aufgabe: Lies den Text und vervollständige die Wörter.

Jede Stadt durfte Münzen machen.

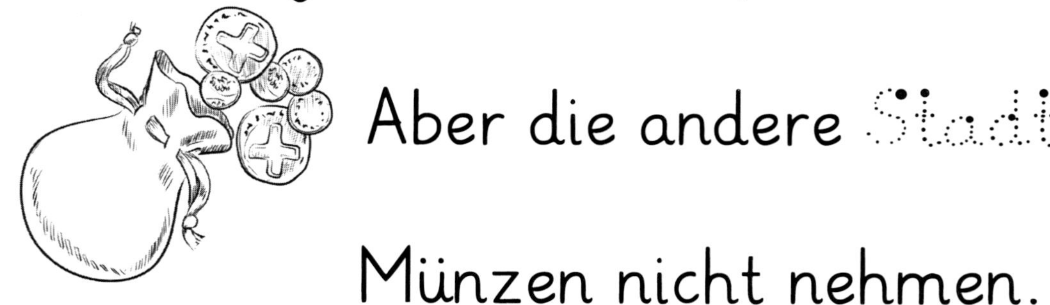

Aber die andere Stadt wollte die

Münzen nicht nehmen.

Jede Stadt nahm nur die

eigenen Münzen an.

Die Menschen tauschten die Sachen.

Der eine gab etwas ab.

Dann bekam er von dem

anderen etwas zurück.

Name: ______________________________

Klasse: ______________________________

Der Handel entwickelt sich

Aufgabe: Verbinde, was zueinander passt.

Man konnte	dass jede Stadt anderes Geld hatte.
Das Problem war,	Sachen gegeneinander eintauschen.
Aber man konnte	mit Geld bezahlen.
Das nannte man	gefährlich. Sie wurden oft ausgeraubt.
Die Händler lebten	Tauschgeschäft.

DAS MITTELALTER
... aus der Reihe: Inklusion KONKRET (Band 22) – Bestell-Nr. 13 016
KOHL VERLAG

Name: ______________________________

Klasse: ______________________________

Der Handel entwickelt sich

Aufgabe: Lies den Text und fülle den Lückentext aus.

Im Mittelalter konnte man mit Geld bezahlen. Wenn eine Stadt das Recht hatte Münzen zu prägen, dann konnten sie ihr eigenes Geld herstellen und in Umlauf bringen. Das Problem war, dass jede Stadt somit seine eigene Währung hatte und die eine in der anderen Stadt vielleicht nicht anerkannt wurde. Dann konnte man nur noch Sachen gegeneinander eintauschen. Dies nennt man Tauschgeschäft. Ein weiteres Problem war noch, dass es für Händler, die reisten, sehr gefährlich war. Oftmals wurden sie überfallen und das Geld wurde geraubt. So entstanden Banken, wo es möglich war, Geld einzuzahlen und abzuheben. Es entstanden immer mehr Handelsbetriebe, die Waren anboten. Ganz große Handelsstädte waren Köln, Frankfurt und Lübeck. Hier fanden auch einmal im Jahr große Treffen der Händler statt. Hier wurden dann Waren aus der ganzen Welt ausgestellt und getauscht.

Im Mittelalter bezahlte man mit ________________. Die Stadt konnte selber Münzen ______________ und in Umlauf bringen, wenn sie das Recht dazu hatte. Jede Stadt hatte seine eigene ________________. Das war ein Problem. Das Geld wurde in anderen Städten nicht ________________. So ________________ man Sachen miteinander. Für Händler war das Reisen sehr gefährlich, da sie oft ________________ wurden. So entstanden die ersten ________________. Es gab immer mehr ________________.

anerkannt – Handelsbetriebe – Banken – prägen – ausgeraubt – Währung – tauschte – Geld

KOHL VERLAG Lernen mit Erfolg
DAS MITTELALTER
aus der Reihe: Inklusion KONKRET (Band 22) Bestell-Nr. 12 016

Kultur und Kleidung im Mittelalter

Aufgabe: Schreibe nach und verbinde.

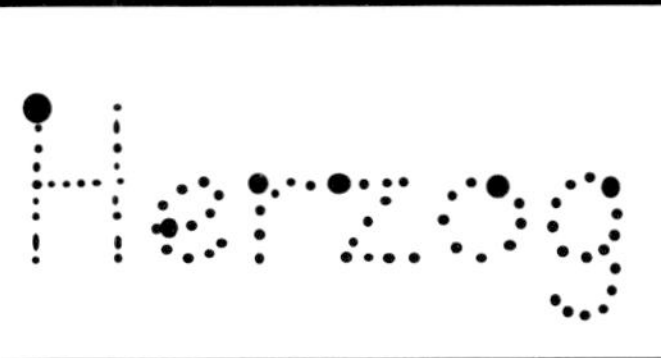

Kaufleute

Bauern

DAS MITTELALTER
... aus der Reihe: Inklusion KONKRET (Band 22) – Bestell-Nr. 13 016
KOHL VERLAG

Name: ______________________________

Klasse: ______________________________

Kultur und Kleidung im Mittelalter

Aufgabe: Verbinde.

Adelige trugen prunkvolle Gewänder und Pelze. Auch trugen sie Bänder, die teilweise mit Edelsteinen verziert waren.

Bauern waren arm. Sie trugen sehr einfache Kleidung und hatten keine Schuhe. Edelsteine konnten sie sich nicht leisten.

Kaufleute waren nicht so edel angezogen wie Adelige, aber auch nicht so arm wie Bauern.

Ritter erkannte man sofort an ihrer Rüstung. Diese war aus Metall, damit den Rittern nichts passieren konnte.

Die hohen Könige waren mit mächtigen Gewändern behangen. Sie hatten einen geraden und eleganten Gang.

DAS MITTELALTER
KOHL VERLAG

Name: ____________________

Klasse: ____________________

3

Kultur und Kleidung im Mittelalter

Aufgabe: Lies den Text und fülle den Lückentext aus.

In jeder Gesellschaftsform, den Ständen, kleidete man sich anders. Es gab strenge Regeln, welche Kleidung in welchem Stand getragen werden durfte. Sogar die Farben, die Formen und die Art der Stoffe waren festgelegt. Die Adeligen hatten prunkvolle Gewänder mit Pelzen und Bändern, die mit Edelsteinen bedeckt waren. Wenn man wissen wollte, wie mächtig nun der Adelige war, musste man auf die Schuhe schauen. Je länger sie waren, umso mächtiger war der Adelige, der sie trug. Die einfache Bevölkerung trug einen einfachen Rock, der vor dem Wetter schützte. Die Schuhe waren aus Leder oder Holz. Im Sommer war die einfache Gesellschaft barfuß unterwegs. Wenn man im Mittelalter Unterhaltung haben wollte, so wurde Musik gemacht und getanzt. Da Musiknoten noch nicht erfunden waren, wurden die Musikstücke so weitergegeben. Man spielte sie einfach nach. Die typischen Instrumente zur Zeit des Mittelalters waren Pfeifen, Trommeln, Leier und Dudelsack.

Die verschiedenen Gesellschaftsformen nannte man ____________________. Dort gab es in jedem Stand eine strenge ____________________, welche ____________________ man anziehen durfte. Die ____________________, die Form und die Art der Stoffe waren festgelegt. Je länger die ____________________ waren, umso mächtiger war der Adelige. Die Bevölkerung trug einen einfachen ____________________. Die Schuhe waren aus Leder oder ____________________. Im Sommer war die Bevölkerung ____________________ unterwegs.

barfuß – Vorschrift – Schuhe – Stände – Holz – Farben – Kleidung – Rock

DAS MITTELALTER ... aus der Reihe: Inklusion KONKRET (Band 22) – Bestell-Nr. 13 016
KOHL VERLAG

Name: ______________________________

Klasse: ______________________________

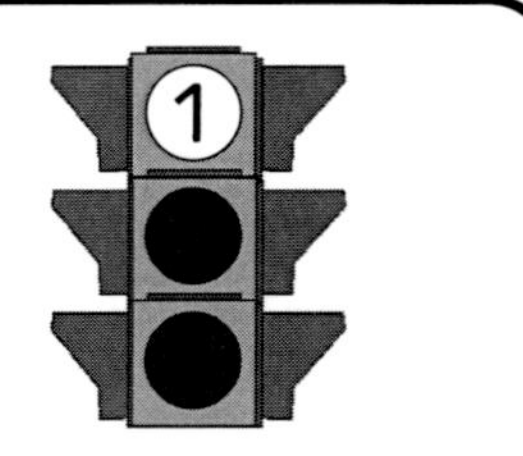

Rittertum und Burgen

Aufgabe: Male aus und beschrifte nach.

DIE BURG IM MITTELALTER

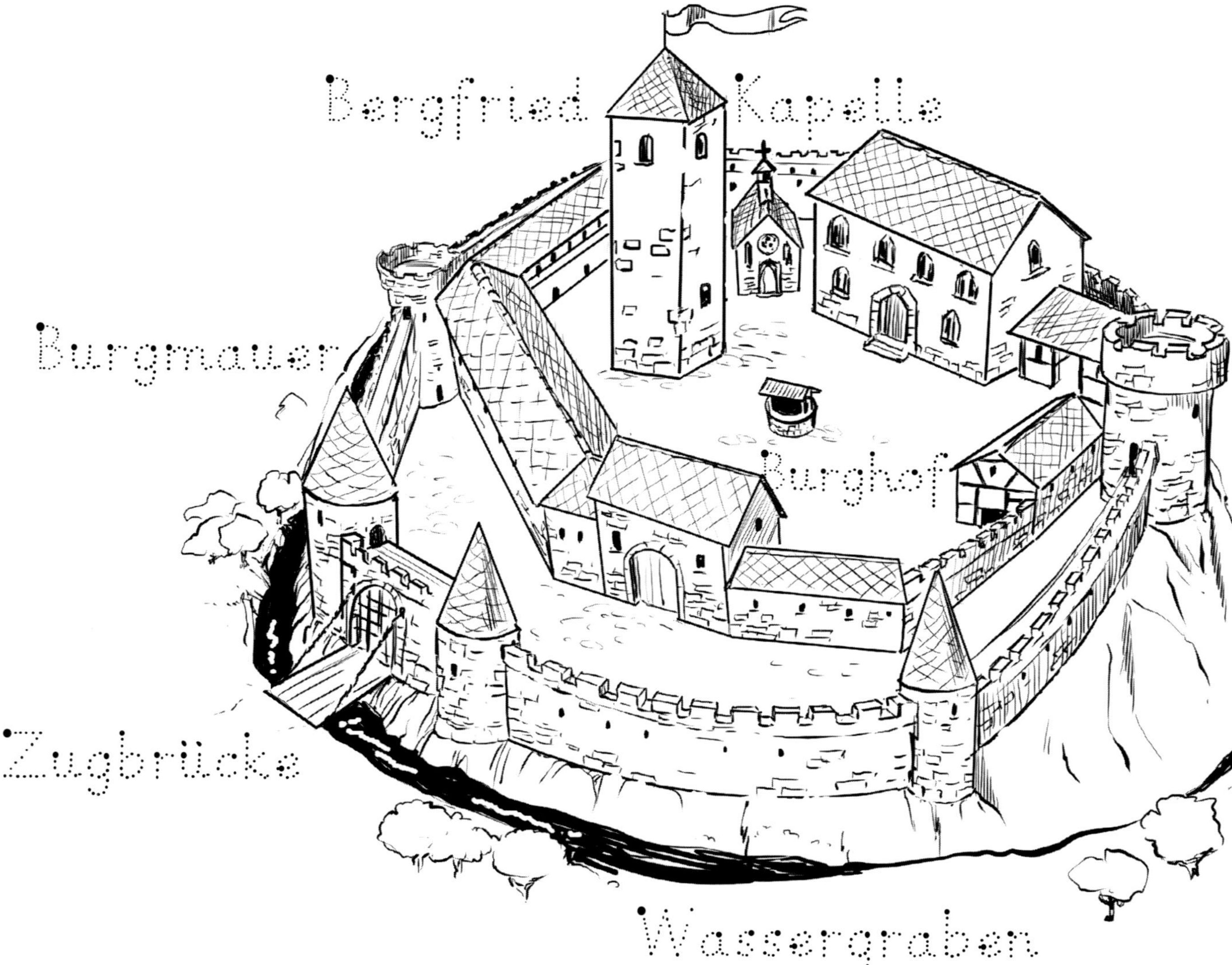

Bergfried

Kapelle

Burgmauer

Burghof

Zugbrücke

Wassergraben

DAS MITTELALTER
... aus der Reihe: Inklusion KONKRET (Band 22) – Bestell-Nr. 13 016
KOHL VERLAG

Name: ________________________

Klasse: ________________________

②

Rittertum und Burgen

Aufgabe: Lies die Texte durch. Schneide aus, ordne zu und klebe auf.

In der Mitte ist der [ ]

Der höchste Turm heißt [ ]

Die [ ] schützt vor Feinden.

In der [ ] wird gebetet.

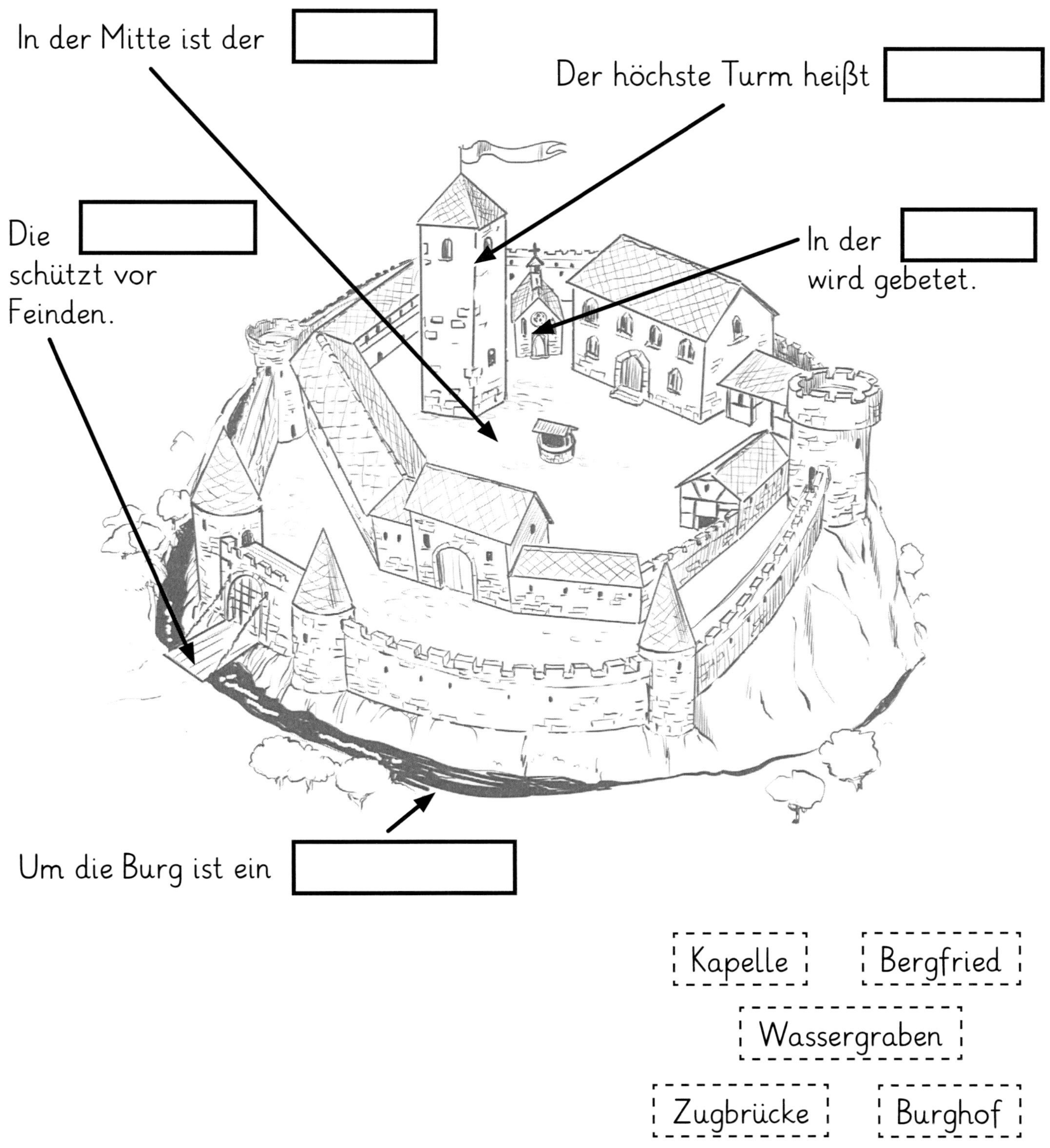

Um die Burg ist ein [ ]

Kapelle | Bergfried | Wassergraben | Zugbrücke | Burghof

DAS MITTELALTER
... aus der Reihe: Inklusion KONKRET (Band 22) – Bestell-Nr. 13 016
KOHL VERLAG

Name: ______________________________

Klasse: ______________________________

3

Rittertum und Burgen

Aufgabe: Lies den Text und zeichne anhand der Angaben im Text eine Burg. Im Text siehst du ein Beispiel.

Da es viele Angriffe auf die Bevölkerung gab, musste man sich verteidigen. Überall im Land wurden die ersten Burgen errichtet. Sie standen auf einem Berg, damit man weit in die Ferne sehen konnte. Im Laufe der Zeit baute man die Burgen aus Stein, obwohl sie anfangs nur aus Holz waren. Auch wurden die Burgen immer größer. Sie bestanden aus einem Wohnbereich, den man Palas nannte. Hier fand man auch Vorratsräume, eine Kapelle und die Küche. Im Burghof wurde der höchste Turm einer Burg errichtet. Diesen höchsten Turm nannte man Bergfried. Dieser war die letzte Stelle, wohin man flüchten konnte. Das besondere war, das man sich im Bergfried noch selber verteidigen konnte. Im restlichen Teil der Burg fand man Ställe, Werkstätten, Scheunen und Lagerräume. Das alles war von hohen Burgmauern ringsherum geschützt. Oft war um die Burg ein tiefer Wassergraben angelegt, der den Zutritt zur Burg erschwert hat. Die einzige Möglichkeit in die Burg zu gelangen war über eine schwere Brücke. Diese wurde extra heruntergelassen. Bis zu 100 Menschen lebten auf einer Burg. Jedoch gab es kein fließendes Wasser und es war sehr dreckig. Viele Leute wurden krank. Die Burgherren waren meistens auch stolze Ritter. Sie traten in Ritterturnieren immer wieder gegen andere Ritter an. Wer das Turnier gewann, der wurde noch mächtiger und hatte noch mehr Ansehen in der Gesellschaft.

DAS MITTELALTER – aus der Reihe: Inklusion KONKRET (Band 22) ▪ Bestell-Nr. 13 016
KOHL VERLAG

Name: ______________________

Klasse: ______________________

So endet das Mittelalter

Aufgabe: Schaue dir die Bilder an und lies den Text.

Es kommt eine Eiszeit.
Alles ist ganz, ganz kalt.

Es gibt nichts mehr zu essen.
Die Menschen hungern.

Die Menschen werden krank.
Die Krankheit heißt Pest.

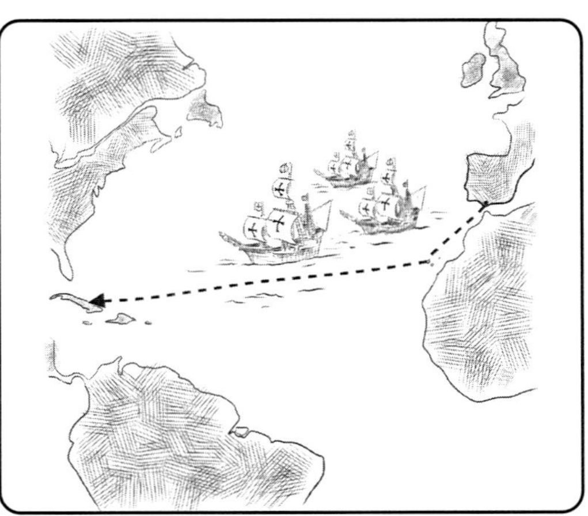

Das war das Ende des Mittelalters.
Aber es wurde Amerika entdeckt.

DAS MITTELALTER
... aus der Reihe: Inklusion KONKRET (Band 22) – Bestell-Nr. 13 016
KOHL VERLAG

Name: ______________________________

Klasse: ______________________________

So endet das Mittelalter

Aufgabe: Welcher Text passt zu welchem Bild? Trage die Nummer ein.

1

2
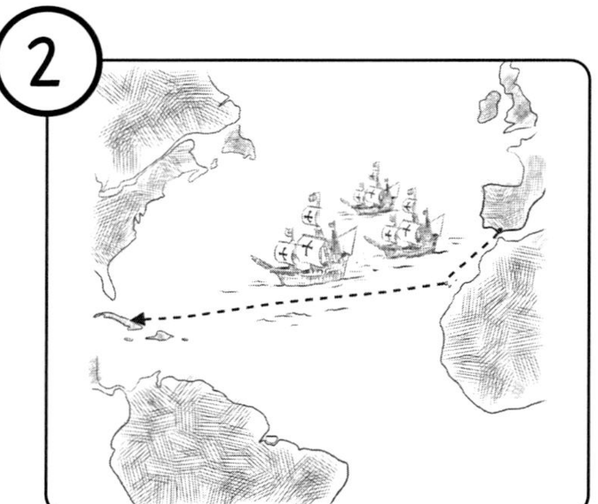

3

4

◯ Viele Menschen hatten nichts zu essen. Sie mussten hungern.

◯ Der Tod vieler Menschen und das verlorene Vertrauen war das Ende des Mittelalters. Amerika wurde entdeckt.

◯ Die Menschen wurden schwer krank. Die Krankheit heißt Pest. Viele sind daran verstorben.

◯ Plötzlich kam eine lange Eiszeit. Es war so kalt, dass kein Obst und Gemüse gewachsen ist.

Name: ______________________________

Klasse: ______________________________

So endet das Mittelalter

Aufgabe: Lies den Text und fülle den Lückentext aus.

Das Mittelalter hatte ein Ende. Dass es dazu kam, lag an vielen verschiedenen Ereignissen, die sehr unglücklich waren. Das erste war, dass sich das Klima und somit auch das Wetter stark änderte. Eine <u>Eiszeit</u> erwischte Europa. Dadurch konnte das Getreide nicht wachsen und es kam zur <u>Hungersnot</u>. Daran starben viele Menschen. Das nächste war die Krankheit <u>Pest</u>. Sie breitete sich schlagartig aus. Die Folge war, dass sehr viele Menschen starben. Den letzten Halt suchte man in der Kirche, jedoch hatte diese das Vertrauen der Menschen verloren. Die Bischöfe und Priester kümmerten sich mehr und mehr um sich selber als um andere. Sie verprassten alles was die Kirche hatte und nutzen den Luxus für sich selber. Man <u>verlor das Vertrauen</u> in die Kirche. Es gab Streit zwischen den Königen in Europa und Amerika wurde entdeckt. Diese Entwicklungen führten zum Ende des Mittelalters. Wann das genau war, kann man zeitlich nicht richtig festlegen.

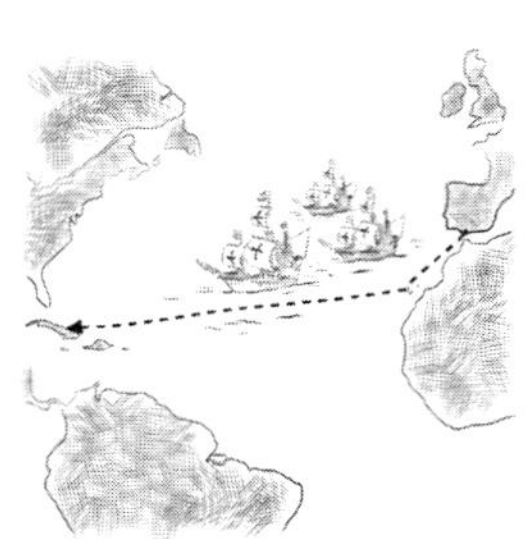

Dass das ________________ zu Ende ging, hatte viele ________________.
Das Klima änderte sich und es gab eine ______________. Dadurch konnte das Getreide nicht wachsen und es gab eine ________________. Viele Menschen ______________. Man suchte den letzten Halt in der ________________.
Aber die Priester und Bischöfe kümmerten sich um sich selbst. Sie lebten im ______________. Da verloren die Leute das ________________ in die Kirche.
Auch gab es viel Streit zwischen den Königen Europas.

Hungersnot – Vertrauen – Ereignisse – Eiszeit – Luxus – Kirche – Mittelalter – starben

DAS MITTELALTER
... aus der Reihe: Inklusion KONKRET (Band 22) – Bestell-Nr. 13 016
KOHL VERLAG

Eine Szene aus dem Mittelalter

KOHL VERLAG Lernen mit Erfolg
DAS MITTELALTER
aus der Reihe: Inklusion KONKRET (Band 32) Bestell-Nr. 12 016